KB090780

사랑의
비즈니스,
결혼

이 번역서는 2009년 연구년 동안 수행했던
번역 작업 중의 한 편이다.

Marriage Is a Loving Business

사랑의
비즈니스,
결혼

폴 호크 지음 | **박경애** 옮김

Σ 시그마프레스

사랑의 비즈니스, 결혼

발행일 2011년 4월 7일 1쇄 발행
지은이 Paul A. Hauck | **옮긴이** 박경애
발행인 강학경 | **발행처** (주)시그마프레스
편집 김수미 | **교정 · 교열** 박민정
등록번호 제10-2642호
주소 서울특별시 마포구 성산동 210-13 한성빌딩 5층
전자우편 sigma@spress.co.kr | **홈페이지** http://www.sigmapress.co.kr
전화 02-323-4845~7(영업부), 02-323-0658~9(편집부) | **팩스** (02)323-4197
ISBN 978-89-5832-955-8

* 책값은 책 뒤표지에 있습니다.

역자
서문

우리나라의 경제 성장과 더불어 나타난 현상 중의 하나가 이혼율의 증가입니다. 우리 사회에서 2008년 6월부터 시행한 이혼 숙려 제도는 협의이혼 신청 후에 얼마간의 유예 기간을 두어 성급한 이혼을 막기 위해 도입되었습니다. 그러나 법적·제도적 장치는 이혼을 막는 데에 한계가 있습니다. 당사자들이 결혼 생활에서의 잘못된 태도를 찾아내고 분석하여 이를 교정했을 때 진정한 의미의 결혼을 이해할 수 있고, 이와 더불어 이혼율의 증가를 막을 수 있습니다.

이 책의 저자인 호크 박사는 오랫동안 결혼상담을 해 오면서 알게 된, 결혼에 관한 일반인의 신화, 결혼에 대한 실상, 심리적 문제가 있는 배우자와의 결혼 생활을 어떻게 슬기롭게 헤쳐 나갈 수 있는지에 대해 독자에게 생생하게 전달하고 있습니다. 역자는 이 책 외에도 저자가 인지정서행동치료(Rational Emotive Behavior Therapy)를 실제에 적용하는 심리상담자로서 자신의 임상적 경험을 기술한 책, 예를 들면 『우울증 스스로 극복하기(Overcoming Depression)』, 『왜 남과 자신을 비교하는가(Overcoming the Rating Game)』 등을 우리말로 번역하여 출간한 바 있습니다.

이 책의 원서, 『Marriage Is a Loving Business』가 오래전에 절판되어 번역하는 데 어려움이 있었지만 우리나라 독자들에게 소개하게 되어 기쁩니다. 모쪼록 이 책이 결혼의 본질을 이해하고 이혼율의 감소, 더 나아가 행복한 결혼 생활을 하는 데에 도움이 되길 기대해 봅니다.

2011년 2월

박경애

미국에서는 이혼율이 상당히 높습니다. 많은 부부들이 이혼을 생각하고 있거나 불행한 결혼 생활을 하고 있다고 확신할 수 있습니다. 의심할 바 없이 결혼은 모든 사회 제도 중에서 가장 중요하고 항구적인 것 중의 하나입니다. 여섯 번째 결혼에 실패한 사람은 일곱 번째 이혼을 주저하지 않습니다.

결혼이 가져다주는 위안은 강력한 것입니다. 한 젊은 남자가 복도 끝에 있는 이혼 담당 변호사를 만나러 가기 전에 "글쎄요, 아마 다음번에는 나에게 행운이 찾아올 겁니다."라고 내 사무실 문간에서 나에게 말했습니다. 대부분의 사람들은 이혼 후 바로 재혼을 생각하지 않습니다. 회복할 시간을 필요로 합니다. 그러나 그들은 회복되고 나서는 종종 재혼을 합니다.

20년 넘게 심리치료 상담자로 일한 후, 나는 대부분의 사람들(전문직 종사자를 포함하여)이 사랑과 결혼이 본질적으로 무엇인가에 대한 명확한 생각을 갖고 있지 않다는 것을 알았습니다. 부부들이 서로가 가지고 있는 곤란한 문제들에 대해 어쩔 줄 몰라 하면 할수록, 나는 더욱더 내가 마침내 이해하게 된 사랑과 결혼에 대해 설명해 주려고 합니다.

그때까지 나는 결혼한 사람들을 돕는 데 매우 난처했습니다. 솔직히 나는 내 사무실을 찾아오는 고객이 내가 다루기 어려운 결혼문제보다는 차라리 다루기 편한, 단순한 신경과민 문제이길 바랐습니다.

결혼상담을 할 때 나의 어려움은 일어나는 문제들에 대해 나를 깨우쳐 주는 사랑과 결혼에 대한 이론이 없다는 데서 비롯되었습니다. 그래서 나는 건강한 결혼과 건강치 못한 결혼에 대한 안내서를 만들기로 결심했습니다. 갑자기 나는 결혼상담을 기대하기 시작했습니다. 내가 두려움으로 시작한 것을 환영하면서 마무리했습니다.

뒤에는 사랑과 결혼에 대한 이론이 제시되어 있습니다. 그러나 나는 현실주의자임을 여러분에게 알립니다. 특히 나는 내가 도달한 모든 결론을 좋아하지 않습니다. 나는 내 이론이 인간성에 대해 좀 더 낭만적이고 칭찬하는 것으로 들리길 정말로 바랍니다.

한편으로 내 결론의 일부는 조야하고, 주관적이며, 냉철합니다. 만일 여러분이 내 견해를 열린 마음으로 대한다면, 여러분의 경험에 비추어 주의 깊게 그 결론들을 대비해 본다면, 여러분도 똑같은 결론에 이르게 될 것이라고 생각합니다.

이 책에서 내가 사용한 말들에서 자신과의 가장 중요한 관련성을 알게 되었을 때, 여러분은 자기 배우자와 관련해서 자신이 왜 그러한 행위를 했는지를 알게 될 것입니다. 그리고 여러분이 내 이론에 대해 확고한 입장을 취하든 무시하든 간에 여러분이 결정을 내려야 할 때 지침이나 위안이 될 것입니다.

이 책의 지식이 여러분의 결혼 생활을 자동적으로 도와줄 것이라는 생각으로 잘못 유도하지 마십시오. 확신하건대 나는 많은 경우에 그 지식이 그러한 역할을 할지 의심스럽습니다. 그러나 이 책에 대한 적절한 이해, 적절한 적용은 때로 다툰 부부들, 별거 또는 이혼 상태인 사람들에게 확실히 용기를 줄 것입니다. 그러나 어떤 결혼은 큰 실수로 결국 파국으로 끝날 수도 있습니다.

마지막으로, 결혼에 관해 조언을 구하는 사람들을 위해서, 나는 모든 심리상담 및 심리치료자들의 가장 세련된 기술의 하나인 결혼

상담에 관한 장을 마련했습니다. 나는 결혼에 문제를 지닌 사람들에게 짧은 시간 많은 경우에 있어서 다른 세상을 만드는 데 도움을 주는 것을 찾아 나서길 주저하지 않을 것이라는 바람으로 이러한 일들을 합니다.

만일 이 책이 이러한 궁극적인 목적을 그리고 그와 다르지 않은 어떤 목적을 이룬다면 나는 매우 감사할 것입니다.

폴 A. 호크

차례

제1장

결혼의 신화

나는 올해 내가 받은 어떤 편지의 일부를 여러분에게 공개하려고 합니다. 그 편지는 내가 이전에 받은 다른 편지들처럼 오로지 연민만을 자아냅니다. 발신자를 보호하기 위해 모든 신상 정보는 삭제했습니다. 어쨌든 그녀의 결혼 생활의 근본은 가치 있는 것이며, 나로 하여금 그녀의 남편과 그녀에 대해 화나게 만들기에 충분한 것입니다.

친애하는 호크 박사님

저는 오늘 아침 남편에게 여자 친구들 몇 명과 볼링 대회에 참가할 계획이라고 말했습니다. 그는 발끈했습니다. 당연히 나는 밤에 외출을 해서는 안 되며, 볼링을 외출하기 위한 수단으로 이용하고 있다고 말했습니다. 박사님, 그는 제가 한때 술을 마시고 밤 11시 이후에 들어왔기 때문에 행실이 좋지 않은 여자라고 생각하고 있습니다.

그날 밤 이후 쭉 저는 남편이 누구와 얘기를 나누었느냐는 등을 계속 물어보는 바람에 지옥 같은 생활을 하고 있습니다. 남편은 술꾼으로 문제가 많아서 저는 아주 속이 상합니다. 그는 종종 해가 뜰 무렵에 집으로 돌아옵니다. 그러나 그는 자신이 그러는 것은 다르다고 합니다.

저는 온전한 정신을 지키기 위해서나 제가 갖고 싶은 물건을 사기 위해서라도 일을 하고 싶습니다. 결혼한 이후로 몇 년 동안 저는 새로운 전기 기구나 다른 물건을 전혀 사지 못했습니다. 저는 단지 그가 싫어하기 때문에 집을 수리하고자 합니다. 만일 집이 그의 것이라면 우리는 항상 임대를 할 것입니다. 박사님은 그가 저에게 내놓은 쓰레기 더미를 보셔야 합니다.

그러나 제가 일을 하고 싶어서 직장을 원하는 것은 단지 놀러 다니기 위한 또 다른 이유에 불과합니다. 한때 제가 공장에서 일을 할 때 남편의 압박을 벗어날 수 있었던 유일한 길은 제가 벌어들인 돈을 전부 저축하는 것이었는데, 그래서 집을 지을 수 있었습니다. 그는 제 차 휘발유 값과 덤으로 점심 값을 주겠다고 약속까지 했습니다. 물론 그는 그렇게 하지 않았습니다. 제가 저축한 돈은 그가 술 때문에 감옥에 갔을 때 보석으로 풀려나는 데 사용되었습니다.

제 동생은 제가 직면한 문제와 똑같은 문제를 겪고 있습니다. 동생도 모임에 참석하거나 친구들을 만날 수 없습니다. 그 일로 저는 놀랐습니다. 저는 너무 심란하고 혼란스런 증오심을 품어서 죄책감마저 느낍니다.

내용이 더 있습니다만, 이제 개요를 알았습니다. 그녀의 근본적인 문제는 결혼에 대해 가장 기본적인 생각도 가지고 있지 않다는 것입니다. 그녀는 이중적인, 즉 남편 또는 자신을 위한 기준을 믿을까요? 물론 그녀는 그렇습니다. 그녀는 자신을 열등한 결혼 상대로 여기고 있을까요? 그것은 명백합니다. 직장에서 이런 대우를 받는다면 그녀는 참을 수 있을까요? 그녀는 결혼이 그녀의 직업만큼 중요하다는 것을 알지 못합니다. 만일 그녀가 이러한 통찰력만 가졌

더라도 결혼 이야기는 그렇게 우울하지 않을 텐데 말이지요.

만일 수백만 명의 남녀가 결혼을 자신들이 지금 바라고 있는 어떤 특권을 자신들에게 부여하는 실질적인 사업으로 생각한다면 그들의 삶은 크게 개선될 것입니다. 자신의 권리 주장에 대해 죄의식을 느끼는 대신에, 남녀는 자신의 일에 대해서 주장하는 것만큼 결혼에 있어서도 쉽게 주장할 것입니다. 이러한 관점을 이해하기 위해서 우리는 우선 사랑에 대한 것을 이해해야만 합니다.

사랑으로 불리는 것들

몇 년 전 한 지역 단체에서 강의를 하는 동안, 나는 청중 가운데 한 여성으로부터 "사랑이란 무엇인가요?"라는 질문을 받았습니다. 나는 그 질문이 아주 어리석다는 생각을 하면서, "여러분은 사랑이 무엇인지 알고 있습니다."라고 둘러대어 용케 그녀의 질문을 피했습니다. 사랑은 친밀함을 느끼고, 서로 그리워하며, 사랑하는 이에게 오로지 좋은 일만 있길 바라는 강력한 감정적인 유대 관계입니다. 이 말을 두 번이나 했으나 우리 둘 다 만족하지 못했습니다. 이 질문은 사랑의 정의를 이해하게 될 때까지 나를 괴롭혔습니다.

내가 사랑을 설명해 주었던 사람들의 반응으로 판단하건대, 사랑은 차갑고 감정이 없는 것 같다고 나는 고백합니다. 그럼에도 불구하고 나는 그 정의를 고수하는데, 이유는 상담실 안팎에서의 내 관찰과 일치하기 때문입니다. 사랑은 당신의 필요와 깊은 욕망을 만족시키는, 만족시켰던, 만족시킬 누군가를 위해 가지는 느낌입니다.

심오하게 들리지 않지요? 아마 여러분은 그 말의 총체적인 의미를 이해하지 못할 것입니다. 그것은 그들이 당신에게 유익하고, 당신을 기쁘게 하고, 당신이 그들에게 중요하기 때문에 당신이 사람들을 사랑한다는 것을 의미합니다. 만일 그들이 당신을 기쁘게 하지 않으면 당신은 그들을 사랑하지 않습니다. 그들이 당신을 물리치면 당신은 그들을 물리칠 것입니다.

이것은 그들이 당신을 위해서 행할, 행하고 있는, 행했던 것을 당신이 생각하기 때문에 당신이 그들을 사랑한다는 것을 의미합니다. 우선 여러분은 행위를 사랑하고 나서 사람을 사랑합니다. 왜냐하면 그와 그녀는 그런 종류의 친절과 만족할 만한 행동을 하기 때문입니다. 이러한 견해는 낭만적인 시인이나 작가가 말하는 보편적인 사고와는 완전히 반대의 개념입니다. 사랑에 대해서 이러한 보다 실제적인 생각을 더 깊이 정립하기 위해 다음 내용을 고려해 보십시오.

1. 이혼은 항상 서로를 좌절시키는 것을 의미합니다.

2. 이혼 과정에서의 불만을 보면 항상 잔인함, 불충실, 성격의 불일치와 같은 것들을 포함합니다. 다른 말로 하면, 한쪽이 다른 쪽에게 만족을 주지 못하고 필요한 욕구를 채워 주지 못하고 있습니다. 정확히 그러한 이유 때문에 그들은 사랑에 실패했습니다.

   결혼상담에는 거의 대부분 배우자의 불쾌한 행위에 대해 불평하는 한쪽 당사자가 있습니다. 20년 이상 일해 온 심리치료 상담자로서 나는 모든 주요한 일들에서 서로 만족하는 부부와는 거의 얘기해 보지 못했습니다. 반대로 한쪽 또는 양쪽에 많은 불만이 있었습니다. 이러한 관찰로 인해 나는 결혼상담 과정에서 먼저 배우자 때문에 좌절하고 있는 것에 대해 솔직히 말하도록 유도하게 되었습니다. 그것은 불만족스런 욕구와 욕망의 좌절 그리고 실망이었으며, 그것이 사랑의 실패를 초래했습니다. 확실히 그들은 충족되었을 때 좌절하지 않았습니다.

3. 우리는 욕구와 욕망을 최대한 만족시켜 주는 사람과 사랑에 빠집니다. 루이지는 누군가에게 중요한 존재로 여겨지고 싶어 합니다. 그녀는 잘생기고 자신이 기대고 보호받을 수 있는 든든한

배우자를 원합니다. 이러한 조건을 갖춘 이상적인 짝이 그녀를
아주 원하는 남자이고(자신의 중요성을 느낌), 건강한 신체(보호
해 줌), 영화배우(좋은 신체와 용모), 전략가(강직한 성격에 결정
을 두려워하지 않음) 등 이러한 자질을 모두 갖춘 사람을 찾기는
아주 어려울 것 같았습니다. 그래서 그녀는 현실과 타협하여 그
러한 조건에 가까운 사람과 결혼했습니다.

그는 몇 년 동안 그녀에게 헌신했으나 점점 관심이 식었습니
다. 그는 돈을 꽤 잘 버는 편이었으나 세 자녀를 부양하기에 충
분하지는 않았습니다. 그는 결혼할 당시 날씬하고 운동도 잘했
으나, 매일 밤 텔레비전 앞에서 맥주를 마시고 운동도 하지 않아
점점 처음 모습을 잃어 갔습니다. 행복의 조건이 천천히 하나씩
사라져 갔고 그녀는 그의 행동에서 자신감을 잃어 갔습니다. 그
들은 점점 멀어지기 시작했습니다. 무엇 때문에 그를 사랑했던
가? 돈, 외모, 결단력, 관심 등은 별로 와 닿지 않게 되었습니다.
그녀는 사랑에 실패했습니다.

4. 총체적이고 강력한 사랑의 감정은 지성, 외모, 부(富)와 같은 자
   질만을 바탕으로 하지 않습니다. 만일 단지 여자의 육체 때문에
   그녀를 사랑한다면 당신은 정말 좌절할 것입니다. 사랑은 하나

그 이상을 원합니다. 그것은 어떤 사람이 많은 자질을 갖추었을 때 그 사람과 사랑에 빠지게 되는 이유입니다. 사랑의 감정은 많은 자질을 가지고 있는 사람이라고 확신하고 난 후에 다가옵니다.

5. 첫눈에 사랑에 빠진 경우는 어떨까요? 진실한 사랑은 결코 첫눈에 이루어지지 않습니다. 첫눈의 사랑은 당신을 끌어당기긴 하나 또는 두세 가지 정도의 자질에 바탕을 둡니다. 만일 당신의 관찰이 나중에 옳은 것으로 입증되면 그 사랑은 자라날 것이고, 그렇지 않으면 사라질 것입니다.

6. 남편이 원하는 것은 자신의 육체뿐이라고 항변하는 여성은 잘못 항의하고 있습니다. 그녀의 육체를 원하는 게 잘못된 일일까요? 그를 사로잡은 게 육체가 전부일 것 같지는 않습니다. 그녀는 육체 외에도 남편이 자신을 사랑해 준다는 것을 깨닫는 데 실패한 것입니다. 그녀가 사고를 당해서 미모를 잃으면 어떻게 될까요? 그러면 그의 사랑은 사라질 것이고 그는 이혼을 바라게 된다는 것을 그녀가 암시하고 있지는 않나요? 정확히 말해서 나는 그러한 일들이 반복해서 일어나는 것을 보았습니다.

7. "그 여자는 돈 때문에 그와 결혼했어."라고 애니에 대해 비아냥
   거리며 말합니다. 글쎄요, 그게 잘못인가요? 만일 당신에게 돈
   이 중요하다면 돈을 가진 사람과 결혼할 것입니다. 친절함 때문
   에 배우자를 선택한 것과 무엇이 다른가요? "당신이 그와 결혼
   한 것은 단지 그의 친절한 매너 때문입니다."라고 냉소적으로
   말할 수 있나요? 무엇이 하나를 다른 것보다 더 필요하게 만들
   까요? 어떤 사람에게는 약이 다른 사람에게는 독이 됩니다. 이
   것 역시 취향 때문입니다.

8. 그러나 아이들과 성난 학부모들은 어떤가요? 그들 모두 여러분
   때문에 많은 것을 못합니다. 아기는 당신의 요구와 필요를 위해
   무엇을 할 수 있을까요? 성난 학부모는 여러분을 어떻게 만족시
   킬 수 있을까요? 아이들은 투정을 부려도 사랑을 받습니다. 왜
   냐하면 그들은 장차 나아질 거라고 기대되기 때문입니다. 우리
   의 부모는 자동적으로 우리에게 사랑을 받지 못합니다. 우리는
   부모가 우리에게 잘 해 줄 때 사랑합니다.

사랑에 대한 요약

사랑은 당신의 짝이 당신 자신의 이익을 만족시켜 줄 것이라는 확신으로부터 자라납니다. 그것은 우선 충족되어야만 하는 많은 조건들에 근거한 이기적인 감정입니다. 만일 그 조건들이 충족되지 않으면 사랑은 사라집니다.

　사랑에 실패한 것 때문에 죄의식을 갖지 마십시오. 그것은 보통 당신의 요구와 욕구가 채워지지 않았음을 의미합니다. 그것은 앞에서 인용한 편지 내용의 일부입니다. 그녀는 일반적인 관점으로 사랑의 신화라는 것을 이해하지 못했습니다. 그녀는 어떠한 경우라도 배우자를 사랑해야 한다고 믿었습니다. 그러나 결코 그렇지 않습니다. 배우자가 합리적으로 처신할 때만 사랑해야 하는 것입니다.

결혼은 당신이 생각하는 어떤 것이 아니다

나는 잠시라도 결혼이 경이롭고 감상적이며 전 세계 성인들의 삶에서 가장 중요한 문제 중의 하나라는 사실을 떨쳐 내 버리고 싶지 않습니다. 그러나 그것이 사실 무엇인지 충분히 이해하고 알아내기 위해서, 당신 속에 숨어 있는 눈을 통해 보는 것처럼 사실적으로 결혼을 보는 것이 좋습니다. 나는 결혼에 대해서 객관적인 사람이, 결혼 서약만 하면 자동적으로 경이로운 일들이 일어나리라는 비합리적인 사고를 가진 사람보다 더 결혼에 성공한다는 사실을 알았습니다.

결혼은 사업이다 — 어떤 결혼 정보 회사의 말입니다. 결혼은 사회적 신분, 건강한 신체, 재산, 주택 마련이라는 자격을 요구합니다. 유럽이나 극동 지역 등 몇몇 사회에서는 사실 결혼을 사업으로 간주합니다. 인도에서 아이들은 결혼을 할 때 모든 면에서 힘을 갖는 가족이 되겠다고 맹세합니다. 여성에게는 남편을 얻는 것을 생각하기에 앞서 결혼 지참금을 요구합니다. 아프리카에서는 결혼을 원하는 여성이 신랑에게 인도되는 영광으로 그녀의 아버지가 지불하는 소(牛)의 수에서 자부심을 느낍니다.

이것이 사업 거래가 아니라면 무엇이겠습니까? 오랫동안 왕족들은 정치적인 이유 때문에 결혼을 했습니다. 이것이 사업이 아니라면 무엇이겠습니까?

오늘날에는 오로지 짝을 필요로 함에도 불구하고 사업이라는 명목 때문에 결혼을 합니다. 아내는 사실 남편 역할을 위해서 남자를 고용합니다. 그녀는 그로부터 어떤 서비스를 기대합니다. 보통 남편은 아내를 부양하도록 되어 있습니다. 그리고 남편은 아내 역할을 위해서 여자를 고용합니다.

나는 결혼을 사업으로 간주하라고 말하고 싶습니다. 당신은 아내가 당신이 바라는 그런 부류의 배우자일 거라는 희망에서 결혼했습니다. 아내가 당신이 바라는 것을 이해하도록 하기 위해서 당신은 그녀에게 확실하게 말해야 하며, 그것을 되풀이할 수도 있습니다.

"이제 당신의 결혼을 사업으로 생각하세요."

당신은 회사를 위해서 일하고 약간의 변화를 원합니다. 당신의 직장이 당신의 모든 기대를 충족시키지 못할 때 마음이 상하지 않는다면, 당신의 아내가 똑같이 충족시켜 주지 못할 때 왜 마음이 상하겠습니까? 일과 결혼에서 어떤 중요한 욕구가 채워지지 않으면 둘 다 불행할 것입니다.

나는 내 고객이 집으로 돌아가 그의 주장을 옹호하면서 결혼 생활을 유지할 것이라는 바람에서 그와 계속해서 토론을 벌였습니다. 나의 경험으로는, 계속 결혼에 실패한 남녀는 결국 좌절하고 불행해져서 후회를 합니다. 결혼은 양자의 이해가 서로에 대해 되풀이하여 저울질되는 조정 과정입니다. 당신의 짝이 축복받을 때 당신은 비참해지는 방식으로 당신을 희생하지 마십시오. 대부분의 결혼이 한쪽은 행복하고 다른 쪽은 불행하면서 유지될 수는 없습니다.

아내가 남편에게 스스로 헌신해야 한다는 낡은 사고는 난센스입니다. 행복한 결혼은 행복이 함께 공유되는 것입니다. 불행한 결혼은 우울로 이어지거나 다른 증상, 즉 알코올 중독, 아동 학대 등으로 이어집니다.

이러한 상태를 피하기 위해 결혼상담과 인지·정서·행동치료(Rational Emotive Behavior Therapy, REBT) 과정에서 나온 두 가지의 진전된 통찰력을 살펴보십시오. 첫째는 중요한 이슈를 결정하는 데 있어 항상 당신의 머리와 가슴이 더 낫다는 것입니다. 이는

신에 대한 불경으로 들릴 수 있으나 나의 경험은 반복해서 그것이 옳다고 입증했습니다.

감정적인 생각은 종종 비합리적인 생각입니다. 타파되어야 할 두 번째 신화는 만일 서로 충분히 사랑한다면 대부분의 결혼 생활에서 갈등으로부터 자유로울 것이라는 점입니다. 그들이 해야만 하는 모든 것은 이해에 도달하고 모든 것이 영원히 훌륭해야 할 것입니다. 그러나 틀렸습니다.

대다수의 결혼은 결합해 있는 동안에 평화와 전쟁을 오가는 조정 문제를 겪습니다. 몇 개월, 몇 년은 조용할 수 있습니다. 조만간 한쪽에 의한 요구나 상호 요구의 상충이 일어날 수 있습니다. 이러한 주기적인 충돌은 대부분의 결혼 생활에서 불가피할뿐더러 건강한 것일 수 있습니다. 어떠한 것도 영원히 똑같은 상태로 남아 있지 않습니다. 심지어 축복 어린 허니문조차도 그렇습니다. 인간은 변화를 바랍니다. 변화가 일어날 때 조심하십시오.

간단히 검토해 본 다른 신화들

어떤 다른 제도보다도 결혼에 대해서는 좀 더 바라는 생각이 있어야만 합니다. 보통 몇몇 가정(假定)은 유머러스하고 어리석거나, 모든 것이 틀리거나 위험하기도 합니다.

1. 결혼은 사람을 안정시키고 또 자신의 방식에서 벗어난 활달한 방식을 가지게 한다는 신화입니다. 만일 신부가 젊으면 신랑은 자신의 방식에서 벗어나기 위해 많은 정력을 쏟게 될 것입니다. 젊은 여성들이 결혼 몇 달 후에 퇴근하고 곧장 집으로 가지 않고 술집에서 남자들과 맥주를 몇 잔 마신다는 것은 나를 놀라게 합니다. 남편들은 모터사이클 모임에 가서 다른 여자와 늦은 시간까지 사이클을 타면서 아내를 홀로 남겨 둡니다. 여자를 좇는 버릇은 결혼을 했다고 해서 사라지지 않는 욕망입니다. 사람들은 결혼하면 안정을 찾지만 많은 사람들은 그렇지 못합니다.

2. 또 다른 신화는 결혼이 전보다 더 행복하게 만들어 줄 것이라는 신화입니다. 틀렸습니다. 결혼은 당신이 꿈꾸는 것보다 더 좌절을 초래합니다. 결혼은 전보다 더 행복하게 만들 수도 있습니다. 그러기 위해서는 난관을 잘 헤쳐 나가야 합니다. 부부간에는 부단한 부침이 존재합니다. 사실 결혼 후 몇 년 동안은 당신이 늘 생각해 오던 것처럼 적응하지 못할 것입니다. 한 여성은 알코올

중독 남편과 20년을 살고 있습니다. 결혼 후 주기적인 즐거움이 있으리라 기대합니다. 순진한 생각을 버려야 합니다. 배우자를 매우 사랑하기 때문에 모든 것이 순조로울 거란 생각은 순진한 생각입니다.

3. 또 다른 몽상은 당신을 위해 만들어진 세상에 유일한 한 사람이 있다는 것입니다. 사랑의 정의를 되새긴다면 이러한 생각이 얼마나 잘못되었는지를 알게 될 것입니다. 누군가가 당신의 욕구나 심오한 바람을 만족시켜 준다면 당신은 거듭 사랑에 빠질 것입니다. 이러한 사랑은 깊고 진실할 수 있습니다. 다음으로 "내가 동시에 두 사람을 사랑할 수 있을까요?"라는 질문을 들을 수 있습니다. 당신의 대답은 "예. 충분히 감당할 수 있다면요."일 수 있습니다.

4. 또 다른 신화는 배우자가 당신을 사랑한다면 그가 당신이 원하는 것을 항상 하리라는 것입니다. 그러나 당신은 당신이 요구하는 것만큼 그를 사랑한다면 당신이 그 요구를 포기할 것을 배우자가 기대하면서 똑같은 말을 할 수 있다는 사실을 잊고 있습니다.

5. 유사한 가정으로, 진실한 사랑은 싸우지 않는다고 합니다. 매력적이고 지적인 많은 부부들이 무엇보다도 결혼에서의 문제를 해소하지 못해 나와 상담을 했습니다. 그들은 서로에게 공손하며 설전을 하지도 않았습니다. 그들은 의견이 일치하지 않을 때 소리 지르지도 않았습니다. 그들은 말을 돌리지도 않고 좌절하는 대부분의 문제들, 즉 돈, 친인척, 친구, 일 등에 대해 얘기했습니다. 당신이 배우자를 깊이 사랑하더라도 결혼 생활에서는 부부 간에 많은 문제가 발생합니다. 사랑이 결혼에서의 갈등 해결을 보장하지는 않습니다. 대부분의 사업처럼 이러한 문제들에 더 직접 부딪힙니다. 당신의 문제를 내세울 때 외교적일 수 있으면 더욱 좋습니다. 화를 내지는 말되 확실히 하십시오.

6. 여자는 항상 자기에게 잘 해 주는 남자를 사랑한다고 믿는 신화입니다. 특히 젊은이들은 이런 식의 난센스에 죄의식을 가지고 있습니다. 고등학생들은 여자 친구에게 뽐내고 싶어 합니다. 그래서 여자 친구에게 보고 싶은 것과 먹고 싶은 것을 묻습니다. 그리고 항상 같이 외출합니다. 그는 여자 친구의 모든 바람을 들어줌으로써 한없는 사랑을 보여 주려고 합니다. 그러나 여자는 자신의 변덕스런 모든 요구에 응하는 그런 남자는 존중하지 않

습니다.

　나는 한때 이러한 사실을 이해하기가 어려웠습니다. 나는 누군가가 내 방식에 맞춰 주면 즐거웠기 때문입니다. 나에게는 그것이 내가 사랑받고 필요하다는 것을 의미합니다. 그래서 잘 해 주는 남자를 존중하지 않는 여자를 만났을 때, 나는 많은 질문을 했습니다. 내가 찾은 답은 이렇습니다. 여자는 멋대로 하게 내버려 두는 관대함보다 안전함에 가치를 둔다는 것입니다. 그들은 남자 친구에게 요구했을 때 모든 것을 들어주지 않아도 개의치 않습니다. 그들은 자신에게 "아니요."라고 말하는 누군가를 원합니다.

7. 마지막은 만일 당신이 결혼에 지극히 충실하면 잘살 수 있다는 신화입니다. 많은 사람들은 부부가 충분히 노력하면 행복한 결혼 생활이 항상 가능하다고 믿습니다. 그런데 이혼을 하면 결혼 생활에 정말 충실하지 못했다는 죄의식을 가집니다. 그들이 이해하지 못하는 것은 결혼이 하늘에서 만들어지는 것이 아니라는 점과, 노력하고 인내하는 양만큼 결혼 생활이 잘 영위되는 것은 아니라는 점입니다.

　기본적으로 두 종류의 결혼이 있습니다. 하나는 성격상의 문제로 늘 원만한 생활을 유지하지는 못하더라도 부부가 서로 양립할 수 있으므로 결혼 생활을 영위할 수 있는 것입니다. 그들은 스스로 또는 상담을 통해 어려움을 해결하면서 조화를 찾습니다.

　다른 한 유형은 절대로 시작하지 말았어야 하는 것입니다. 그들은 차이가 너무 심해서 한쪽이 자신의 신념을 포기하지 않는 한 결코 화합할 수 없는 경우입니다. 종종 사랑에 눈이 멀어서 이러한 위험스런 차이를 알아차리지 못합니다. 문제는 나중에야 나타납니다.

제2장

결혼을 하는 진정한 이유

우 리는 사랑 때문에 결혼하는 것이 아닙니다. 배우자로부터 어떤 중요한 역할을 기대하기 때문에 결혼을 합니다. 따라서 사람들이 결혼을 하는 목적을 잘 살펴보는 것이 중요합니다. 이런 목적 중에는 건강이나 성격이 있습니다. 먼저 결혼을 하는 성격상의 이유를 살펴봅시다.

결혼을 하는 성격상의 이유

부모님을 괴롭히기 위하여

이러한 특별한 경우는 부모님으로부터 결혼을 만류하는 말을 듣는 젊은이들이 해당됩니다. 이 상황은 황소 앞에서 붉은 깃발을 흔드는 것과 같습니다. 부모들은 자녀에게 양치질해라, 열심히 공부해라 등등 많은 훈계를 늘어놓습니다.

이것은 부모와 자식 간에 힘 겨루기라고 말할 수 있습니다. 부모는 자녀보다 좀 더 강하다고 주장하고, 자녀는 자신이 더 강하다고 주장합니다. 누가 옳을까요? 아이들입니다. 당신의 충고나 권위는 아이들을 통제하지 못합니다.

부모님이 반대하는 결혼을 하는 것은 젊은이들이 펼치는 고전적인 게임 중의 하나입니다. 그들은 미래의 배우자에게 아주 잘 보이기 위해서가 아니라 부모님을 괴롭히고 실망시키기 위해서 결혼하고 싶어 합니다. 그러나 괴롭힘을 목적으로 결혼한 사람들은 몇 년 후 그것이 잘못임을 깨닫지만, 어찌할 줄 몰라서 그것을 받아들이지 못합니다. 그래서 괴롭힌 그 당사자는 점점 비참해지는 것입니다.

열등감을 극복하기 위하여

그녀는 약간 수줍음을 타고, 예쁘긴 하지만 아주 인기 있는 편은 아닙니다. 그녀는 고교 4년 동안 좋은 성적을 받았습니다. 학업에서는 문제가 없었으나 사교 면에서는 뒤떨어졌습니다. 그녀는 잘생기고 인기 있는 학급 반장 딕을 만나고 나서 인기 있는 한 서클에 가입했습니다. 그는 그녀를 사교장으로 이끌었습니다. 딕 쪽에서는 그녀가 안정감이 있었습니다.

그를 성장의 사다리로 활용했다면 그녀가 자신의 부정적인 이미지를 바꾸는 데 크게 유익했을 것입니다. 하지만 그녀는 그의 인정을 받지 못하면 자기 자신을 무가치한 존재로 여겼습니다. 그가 청혼했을 때, 그녀는 거절할 수 없었습니다.

그녀도 그를 사랑했고, 그도 그녀를 사랑했습니다. 결혼 초기에 그는 완전무결했기 때문에 그녀의 신이었습니다. 그러나 그는 신도 아니었고 완벽하지도 않았습니다. 그는 그녀를 항상 행복하게 만들 수도 없었습니다. 이러한 전개 과정을 보면서 그녀는 큰 두려움을 느꼈고, 신혼은 그런 식으로 끝났습니다.

만일 열등감을 극복하려면 당신 자신의 문제에 책임을 지고 그것을 고치세요. 당신 일을 다른 사람에게 의존하지 마세요. 만일 당신의 성장을 돕는 사람과 결혼한다면 훌륭한 일입니다. 그러나 당신의 문제를 전적으로 상대에게 떠넘기지 마십시오. 궁극적으로는 당

신에게 궂은 일이 떨어집니다. 달리 기대하면 신경질적이 되고 실망하게 되며, 빨리 이혼하게 됩니다.

배우자의 치료자가 되기 위하여

치료적인 결혼이란 말을 들어 본 적이 있습니까? 아마도 없을 것입니다. 나는 평화로운 결혼을 믿습니다. 그것은 한쪽이 부모로서, 다른 쪽이 아이로서의 역할을 할 것이라는 묵계에 기초한 결혼입니다.

만일 당신이 소중한 존재라고 느껴질 필요가 있다면, 당신이 태산 같은 넓은 마음을 소유하고 있다면, 당신은 치료적인 결혼에 가장 취약한 사람입니다. 조심하세요. 이 경우는 아프거나 약하거나 아이 같은 누군가와 관련을 맺는 기회로 사랑이 정의됩니다. 이런 사람은 간호하고 모성적인 본능을 발휘할 것입니다. 이 부류의 또다른 명칭은 나이팅게일 결혼입니다. 명심하십시오. 이런 덫에 걸린 남녀는 배우자를 간호할 수 있습니다.

치료적인 결혼에서는 배우자가 불안정하고 불확실하며, 결정할 수 없기를 바랍니다. 배우자가 미성숙할수록 더 좋아합니다. 다른 길이 있다면 이런 형태의 결혼에 이끌리지 말아야 합니다. 그런 배우자는 부적합한 자격의 소유자입니다. 그런 결혼을 상상할 수 있

나요? 당신이 열등하다고 느끼면 이런 유형의 사람들에게 다가갈
수 있습니다.

그러나 모든 치료적인 결혼이 나쁜 결과를 초래하는 것은 아닙니
다. 이런 유형의 사람들에게 하고 싶은 조언은 현실을 분명히 직시
하라는 것입니다.

독신 남녀의 두려움

첫 번째 결혼 기회에 성공하지 못했을 때 절대로 결혼하지 않겠다
는 두려움보다 그들에게 결혼하라고 재촉하는 것은 없습니다. 이는
졸업생들이 곧바로 결혼을 하는 이유 중의 하나인 것 같습니다. 그
들이 친구들과 동등한 성과를 거두는 데 실패함으로써 홀로 되는
것을 봅니다. 그런데 결혼이란 수단이 그러한 집단을 부수어 버릴
때, 남아 있는 사람들은 두려움을 느끼면서 창피당하지 않으려고
간혹 결혼에 뛰어듭니다.

종종 부모들은 자녀를 내보내기 위해서 또는 결혼하지 않으려는
자녀의 두려움을 극복시키기 위해서 그들을 결혼으로 밀어넣습니
다. 그들은 결혼하지 않는 것이 두려워할 일도 아니고 부끄러워할
일도 아니라는 것을 깨닫지 못합니다. 그러한 깨달음은 그들이 결
혼을 서둘렀다는 것을 알게 될 때, 결혼을 한 사람들에게는 더 빨리

찾아올 것입니다.

결혼을 거부하는 데 대해 자기 스스로 상처를 내지 않는다면 다른 사람들은 상처를 내지 못합니다. 결혼을 하지 않는 데 대한 두려움은 자신이 만들어 내는 것입니다.

자립의 두려움

결혼 생활에서 대부분의 신경증적인 이유 중의 하나는 성숙을 회피하려는 것입니다. 성인이 된다는 것은 늘 고통스럽고, 사람들은 항상 그것을 피하려는 생각을 합니다. 어떤 사람들은 위험을 직면하기보다는 경쟁에 굴복합니다. 실패에 대한 두려움으로 늘 변명하고 피하려 합니다. 성장에 대한 두려움에 직면하지 않는 많은 전략이 있습니다. 조혼도 그중 하나입니다.

미국의 경우에 이것은 특히 소녀들에게 해당됩니다. 결혼은 17세 소녀에게 더할 나위 없는 도피 방식입니다. 학교를 그만두어도 됩니다. 일터에 나가지 않아도 됩니다. 임신해서 낳은 아이는 그녀의 동반자가 될 것입니다.

삶을 알기도 전에 결혼하고 싶어 하는 젊은이들을 위한 조언은, 건강한 결혼이 당신을 행복하게 하고 충만한 삶을 보장한다는 것입니다. 강한 사람에게 유치하게 기대기 위해서 결혼한다면 큰 실수를 저지를 수 있습니다. 타인에게 의존할 경우 당신은 강해질 수 없습니다. 자기 자신에게 의지할수록 당신은 더 안전함을 느낄 것입니다.

반발심으로

이것은 신경증 때문에 결혼하는 두 번째 슬픈 사연입니다. 연애에
실패했다고 합시다. 당신은 당신을 버린 누군가를 괴롭히기 위해
서, 또 당신이 여전히 누군가로부터 사랑받고 요구받고 있다는 것
을 보여 주기 위해서 놀랄 만큼 빨리 결혼하게 된 자신을 발견할 것
입니다.

　반발심으로 한 결혼은 성공하지 못합니다. 그들은 자기를 선택한
배우자를 의심하고 실연의 고통에 휩싸이게 됩니다. 특히 슬픈 일
은 불신입니다. 그들은 새로운 사랑이 자신에게 이로울 것이라고만
믿습니다. 그러나 결혼식장에 들어서면서 자기를 버린 사람에 대한
증오와 복수심이 불타오를 때 그렇게 이롭지만은 않습니다.

타인의 상처에 대한 두려움

나는 많은 사람들이 헤어지고 싶은 강한 욕구를 느끼면서도 결혼하
게 된다는 사실을 심리치료 상담자가 되고 나서야 비로소 알았습니
다. 그들은 타인에게 상처를 줄지 모른다는 강렬한 죄의식 때문에
결혼을 강행합니다. 이런 사람들을 위한 조언은 감정의 억압 때문
에 당신의 삶을 다른 사람으로 하여금 영위하도록 하지 말라는 것
입니다.

사랑 아니면 성 문제 때문에

현명한 사람이 이해할 수 없는 사람으로 바뀌는 경우가 있습니다. 나는 두 번 이혼하고 다시 결혼 준비를 하는 젊은이와 상담한 기억이 있습니다. 그녀는 단순히 사랑 때문에 그와 결혼한 것이 아니고, 심금을 울려서 그 사람과 결혼했다는 이상한 생각을 갖고 있었습니다. 그 남자를 잘 알지 못했던 것은 그녀에게 문제가 되지 않았습니다. 또 그와 양립할 수 없는 문제가 그녀를 힘들게 했고, 비슷한 기회가 있어서 몇 사람과 사랑에 빠지게 된 경우도 문제가 되지 않았습니다. 그녀는 사랑과 결혼은 말과 마차처럼 함께 가는 것이라고 여겼습니다. 그래서 세 번째 결혼을 준비하고 있었습니다.

이 주제의 또 다른 하나는 주로 나이 든 여성들에게서 볼 수 있는 바로, 성관계를 가졌을 경우 결혼해야 한다는 것입니다. 여러 남자와 상대할 수 없다는 생각일 수 있습니다. 이는 여성들이 수십 년 동안 그리고 지금도 생각하는 방식입니다.

불행한 가정에서 탈출하기 위하여

어머니는 마녀이고 아버지는 술주정꾼이라고 하면서 10대들이 집을 뛰쳐나가는 것을 종종 보게 됩니다. 소년들은 일자리를 찾고, 가정에서 받지 못한 사랑을 찾아 나섭니다. 소녀들은 답답한 가정에서 탈출하기 위한 수단으로 결혼을 이용합니다. 이런 문제에 대한 조언은 스스로 자신을 책임질 수 있을 때까지는 나쁜 가정 환경을 견뎌 내라는 것입니다.

건전한 결혼의 사유

앞에서 언급한 내용들이 신경증적인 이유 때문에 결혼하는 경우라면 다음은 이성적이고 성숙한 이유로 결혼하는 경우입니다.

동반자 관계

배우자는 당신이 무한하게 향유하는 모든 것 또는 누군가 그 이상입니다. 행복한 결혼 생활을 원한다면 좋은 친구 같은 배우자가 더욱 좋습니다. 섹스를 하지 않을 때, 돈을 벌거나 요리하지 않아도 될 때, 배우자는 가장 좋은 동반자 역할을 합니다. 함께 테니스를 치는 부부는 함께하게 됩니다. 서로 공통점이 없거나 관심이 없을 때 불행해지는 경우가 있습니다. 결혼은 사업입니다. 그러한 사업에서 피고용자와 공통분모가 많으면 많을수록 더 잘 지내게 될 것입니다.

안전하고 편한 성생활

남녀는 성적 욕구를 만족시키는 데 다른 어떤 방식보다도 결혼이 좋기 때문에 결혼을 합니다. 결혼은 안전하고 편한 성생활을 보장합니다. 미혼은 침대로 가는 사랑을 얻기 전에 가까이 다가가는 작업이 필요합니다. 결혼을 통한 성생활은 성병을 예방하고 원치 않는 임신을 막을 수 있습니다.

결혼은 최선의 아동 양육 기관

아이를 양육하기 위한 많은 실험들이 이루어졌습니다. 중국에서는 친부모가 아이를 기르는 것을 배제하고 국가가 점점 더 그 역할을 떠맡고 있습니다. 이스라엘의 키부츠도 그렇습니다. 몇 가지의 성공적인 사례가 부모의 역할을 줄어들게 하고 있습니다. 그러나 아이를 부모보다 다른 사람에게 맡기는 것이 분명 좋은 일만은 아닌 것 같습니다. 어떠한 학교나 기관도 부모와 아이의 스킨십을 능가할 수는 없습니다.

아이를 낳지 않는 부부들이 점점 늘어나고 있습니다. 아이를 좋아하는 사람들만 아이를 갖고, 그렇지 않은 경우는 아이를 갖지 않는 것입니다. 아이를 낳아 기르는 것을 부담스럽게 여기는 경향도 있습니다.

독특한 삶의 방식을 위하여

우리 사회는 결혼한 사람을 선호합니다. 저녁 식사에 부부가 함께 초대됩니다. 결혼은 사회적인 삶의 방식의 일부입니다. 따라서 좀 더 쉽게 커플이 이루어집니다. 그러나 결혼에서 다름을 추구하는 경우도 많습니다. 특히 전문직에 종사하는 여성들은 자신의 일을 더 중요시합니다.

기본 원칙이 있어야

너무 일찍 결혼하는 것을 내가 반대하는 이유는 지금쯤 명백해집니다. 젊은이들은 결혼을 더 나은 삶은 위한 탈출구로 생각하고 일찍 결혼을 하지만, 그 나이에 학교에서 공부한 동년배들과 비교하면 나중에 그들보다 훨씬 불행한 삶을 살아가게 됩니다.

요약컨대, 결혼하는 것이 더 어려운 문제이고 이혼하는 것이 보다 쉬운 문제가 될 때 우리 사회는 훨씬 건전해질 것입니다.

제3장

달콤하지만은 않은 결혼

나는 지난 1년 6개월간의 결혼상담 기록부를 보관하고 있습니다. 결혼이 불행한 이유에 대해 질문하는 것이 핵심이었습니다. 이 내용을 다음과 같이 분류·정리해 보았습니다.

결혼의 주요한 좌절감 요소

  – 분노와 지배(58)

  – 거부(37)

  – 수동성과 의존성(30)

  – 성생활(26)

  – 함께하기(25)

  – 가족(24)

  – 신경증적 행동(15)

분노와 지배

이 항목에서는 조금 놀라운 부분이 있고, 동시에 내가 앞서 제시한 견해에 대한 확신도 있습니다. 예컨대 『좌절과 분노를 극복하면서』 라는 나의 책에서 나는 분노가 가장 빈번한 불안한 감정이라고 지적했습니다. 이 항목에서 우리는 다른 어떤 요인보다도 배우자의 부단한 분노와 비이성적인 것에 대해 더 자주 불평하는 기혼자들을 봅니다. 상담자들은 자기 남편이 항상 잘난 척을 하고 화를 낸다고 말합니다. 남자들이 그러는 데는 두 가지 이유가 있습니다.

첫째, 그는 남자이기 때문에 왕이라고 생각합니다. 그것은 몇 세기 동안 그가 배워 온 것입니다. 두 번째 이유는, 남편의 적대적인 행위에 대해 아내가 아주 많이 불평을 하는 데 더 이상 관용을 베풀지 않는다는 것입니다. 아내들은 평등과 공평성을 새로 발견합니다. 그래서 자신의 권리를 위해 나서며 남자를 코너로 몰아갑니다.

당신의 권리를 위해 나서는 모든 일을 당신이 결혼을 일종의 사업 계약처럼 생각하면서 약속을 파기한 데 대해 완벽한 권리를 가지고 있다고 생각한다면 아주 쉬운 일일 수 있습니다. 직장에서 휴가나 근무 조건 등 자신의 업무에 대해 이의를 제기할 때는 결코 죄의식을 갖지 않습니다. 그런데 결혼 생활에서의 권리 침해에 대해서는 왜 관대할까요?

결혼은 사업입니다. 만일 다른 사업처럼 결혼을 운영한다면, 당신은 다른 사람을 행복하게 하고 자신을 불행하게 만드는 데 삶을 소비하지는 않을 것입니다. 그것은 사업을 파산으로 이끄는 길입니다.

거부

결혼에서 두 번째 좌절 문제는 사랑, 질투, 사그라든 정열과 거부의 정서 등입니다. 부정한 욕망은 이런 문제들과 관련되어 있습니다. 나의 고객 중 네 사람은 너무 일찍 결혼했고 다른 로맨스를 꿈꾸고 있었습니다. 이런 결혼은 일어나서는 안 되지만 그들은 너무 맹목적이어서 그런 걸 깨닫지 못합니다.

고객 중의 셋은 옛 여인에 대한 강렬한 사랑으로 옛사랑과 다시 결합한 것으로 나타났습니다. 그들의 아내 셋은 너무 오랫동안 남편과 별거하여 다시 맺어지기를 포기하고 이혼을 선택했습니다. 두 고객은 지금의 배우자를 전혀 사랑하지 않으면서도 경제적인 이유로 결혼을 했습니다. 불행히도 그들은 거의 희망이 없었고 서로에 대한 존경심을 상실했습니다. 한 고객은 결혼 생활이 지루하고 재미없다는 것 외에는 다른 불만이 없었습니다. 단지 순응했을 뿐입니다.

수동성과 의존성

세 번째 좌절은 흔히 아내에 의해 일어납니다. 여성들은 보통 약하고 의존적인 남성을 참을 수 없어 하며 그냥 내버려 두지 않습니다. 여성들은 군림하려 하고 지배적이며 완고한 남편에 대해 불만이면서도, 다른 한편으로는 약하고 유치하며 의존적인 남편에 질린 것처럼 보입니다. 여성들은 강약의 균형을 찾고 싶어 합니다. 남성이 어느 한쪽만을 지나치게 드러낼 때 여성의 반발을 자초할 수 있습니다.

이러한 문제를 가진 부부에게는 이렇게 경고하고 싶습니다. 이러한 문제가 존재한다면, 그것은 둘 다 문제의 존재를 허용하고 있기 때문입니다. 아내는 남편을 아기처럼 사랑하다 남편을 망가뜨립니다. 이런 형태의 문제점은 얼마 안 가서 힘에 겨워 한다는 것입니다. 아내는 남편을 어린애 취급하는 것을 마다하지 않습니다. 하지만 어리광을 부리는 남편은 점점 더 망가집니다.

강한 사람과 결혼한 약자의 신비는 흥미롭습니다. 대학에서 유망한 사람들이 왜 내성적인 인물과 결혼할까요? 보완 효과라는 고전적인 얘기가 있습니다. 만일 강자와 강자가 결혼한다면 누가 계속 강자의 입장을 누릴까요? 유능한 사람이 약한 자로 하여금 자신을

대단하고 중요하게 느끼도록 만들고 싶어 한다고 생각합니까? 만
일 삶에서 자신이 우월하며, 자신이 도와주고 이끌어 주고 안내해
줄 누군가가 없다면 그는 자신이 열등하다고 느낄 것입니다. 남성
은 여성이 성장하면서 또 독립하면서 위협받을 것입니다. 그것은
그의 삶을 송두리째 바꿀 것입니다.

성생활

나의 연구에서는 기혼자 215명 중 26명만이 성생활이 가장 큰 불만
이라고 진술했습니다. 하지만 내가 상담한 커플 중에는 성생활에
불만을 가진 사람들이 많았습니다. 그러나 이 26명은 도움을 모색
해야 할 정도로 특별한 사람들이었습니다.

성 문제는 다음과 같은 다섯 가지 하위 영역으로 나누어집니다.

- 불충분(남/7)
- 불충분(여/4)
- 남자 불성실(10)
- 여자 불성실(1)
- 성무능 및 불감증(4)

남성이 성적 기대에서 좌절하는 경우는 일상에서 여성이 거부하
는 정서와 관련이 있습니다. 사실 여성의 성이 성행위 그 자체 이상
임을 남성들이 모른다는 사실에 나는 무척 놀랐습니다. 많은 남성
들은 여성을 좀 더 사랑스런 분위기로 유도하는 대신에 여성이 자
연히 다가오게 하려고 합니다.

여성이 성적으로 불만족하는 몇 가지 이유

- 남성이 성적 표현이 부족하고 여성의 애정 욕구를 무시할 때

- 오르가슴을 경험하지 못할 때

- 남성의 사정이 빠를 때

이러한 남성의 행위는 여성의 성적 좌절을 초래하여 여성은 침체된 결혼 생활을 만회하기 위해 외도를 하게 됩니다.

함께하기

상담 내용에서 다섯 번째 불만은 함께하는 문제입니다. 그들의 좌절은 두 종류입니다.

첫째, 그는 일을 너무 많이 하여 그녀와 함께할 시간이 별로 없습니다.

둘째, 그들은 대화를 할 수 없습니다.

젊은 부부는 가사와 직장, 두 가지 일을 해야 합니다. 아이를 돌보는 데 많은 시간을 빼앗깁니다. 할리우드 배우들이 이혼을 많이 하는 것도 이러한 이유 때문입니다. 서로에게 말할 시간이 주어지

지 않으면 의사소통이 되지 않습니다. 그러면 자연히 헤어지는 길로 가게 됩니다.

가족

24명이 결혼 생활이 불행한 이유로 가족 관계의 어려움을 들었습니다. 그러한 불만은 다음과 같이 분류됩니다.

- 아이 양육 문제에 대한 불일치(11)

- 친인척 간의 갈등(9)

- 권태로운 엄마 역할(3)

- 아이에 대한 배우자의 무관심(1)

첫 번째 항목인 아이 양육 문제는 심각하고 지속적일 수 있습니다. 만일 부모가 이 문제에 의견 일치를 보지 못하면 대부분 아이에게 심각한 영향을 미칩니다.

두 번째 불만 항목은 친인척과의 갈등입니다. 이 문제와 다른 두 가지 항목인 엄마 역할의 지겨움, 아이에 대한 배우자의 무관심은 첫 번째 항목에 비해 덜 중요한 관계로 깊이 다루지 않겠습니다.

신경증적 행동

여기에는 나의 고객 15명이 해당됩니다. 혼자서는 아무것도 못한다고 말하는 사람조차도 결혼 생활에서 자기 혼자 문제를 야기할 수 있다는 사실을 모르고 있었습니다.

이것은 중요한 지적입니다. 왜냐하면 가족치료에서 중요한 것은 오로지 다른 사람과 관련해서 문제가 발생한다는 점을 강조하고 있기 때문입니다. 이 점을 지나치게 강조하는 까닭은 치료가 환자만이 아닌 전 가족을 대상으로 하기 때문입니다. 이것은 종종 올바른 판단으로 보입니다.

그러나 어린 시절에 일단 어떤 하나의 관계에서 문제가 되어 나중에 일련의 견고한 집착에 빠져들어 모든 신경증적인 행동을 시작하게 되는 경우가 있는데, 나는 그리 특별한 경우가 아니라고 믿습니다. 이것은 다른 사람과의 행동으로 인한 것이 아닌 개인적인 나쁜 습관 때문입니다. 혼자서도 탱고를 출 수 있는 법입니다.

자기 수양의 부족은 배우자가 신경질적으로 행동하는 이유 중 하나입니다. 살을 빼지 못하고, 아이들의 훈육이나 집 안 청소를 제대로 하지 못하는 아내는 절제된 남편에게는 고통일 수 있으며, 이는 불화로 발전하기 십상입니다. 나의 고객 중 몇몇은 단정치 못하거나 부주의한 배우자의 생활 방식에 극도로 짜증을 냈습니다. 또 다른 사람들은 배우자의 결벽증 때문에 힘들어합니다. 결벽증이 있는 사람들은 별것도 아닌 일을 큰일로 만들기 때문에 사소한 잘못도 바로잡으려고 합니다.

알코올 중독은 신경증적 결혼 생활의 3분의 1을 차지합니다. 알코올 중독인 남성들은 좌절을 참아 내지 못하고 아내에게 의존합니다. 아내는 이런 남편이라도 있어야 하는 것처럼 보이는데, 이는 남편을 통해서 자신의 중요성을 느낄 수 있기 때문입니다. 이런 패턴이 균형을 잃지 않으면 무난하게 결혼 생활을 영위할 수 있습니다. 그러나 남편이 지나치게 요구하거나 무책임하면 상담거리가 됩니다.

제4장

결혼은 정말
어떻게 작용하는가

자,

전부는 아니더라도 결혼의 내적인 작용을 좀 더 자세히 살펴봅시다. 이미 지적한 바와 같이 결혼은 사업입니다. 부부는 그러한 회사를 만들기 위해 사랑에 빠질 필요는 없으나 부부가 서로 깊이 사랑하면 보통 잘되게 마련입니다. 나는 이 사업에서 부부가 모두 합리적인 만족도를 가질 때 잘될 수 있다고 강조하고 싶습니다.

만일 남성이 다른 사람들에게 멋지게 보이는 섹시한 아내를 원하는 반면에 여성은 돈과 권력, 편한 생활을 원한다면, 비록 남성이 여성을 위해 자신을 혹사하더라도 두 사람의 행복은 얼마든지 가능한 일입니다. 여성이 남성으로 하여금 자부심을 느끼도록 해 주면 남성은 결혼을 통해 자신이 원하는 것을 얻고 있는 것입니다. 마음대로 먹고 편안한 생활을 누리는 한 여성은 만족합니다. 여성이 남성에 비해 10%밖에 기여하지 못할지라도 둘은 아주 행복할 수 있습니다.

결혼이 실제로 어떻게 이루어지는지를 이해하기 위해 두 가지 사항에 주목하길 바랍니다.

첫째, 배우자에 대한 사랑이 당신이 강렬하게 원하는 것을 얻도록 합니까?

둘째, 결혼이 그러한 수혜를 지속적으로 보장하는 법적인 장치가 되고 있습니까?

무엇인가 잘못되고 있을 때, 일어난 일을 이해하고 조화를 회복하기 위해 할 수 있는 것을 발견하려면 이 두 가지 사항을 재검토해야 합니다.

변화를 차단하는 합리화

문제가 있는 결혼에는 변화가 필요합니다. 행하기보다는 말하기가 쉽습니다. 배우자와 맞닥뜨리지 않기 위해서나 좀 더 이득을 얻기 위해서 늘어놓는 사소한 변명은 꿀단지 주변에서 윙윙거리는 벌만큼이나 많습니다.

1. 배우자를 기분 상하게 할까 두려워서 자신을 겁쟁이로 바꾸는 것이 가장 흔한 변명입니다. 사람들은 사랑받아야 한다는 생각에 너무 집착하여 거의 모든 논쟁적인 문제들을 포기해 버립니다. 그들은 거부가 주는 상처를 믿으며, 씻기 싫어하는 소년처럼 맞서기를 피합니다.

2. 또 다른 일반적인 합리화는 변화가 배우자를 너무 화나게 하고, 자신이 야기한 고통 때문에 자신이 죄의식을 느낄 것이라고 주장하는 것입니다. 이는 배우자가 가지고 있는 감정에 절대로 책임을 지지 않는 것이기 때문에 정말 나쁜 일입니다. 만일 배우자를 불쾌하게 하거나 이로 인해 배우자가 간접적으로 화가 난다면 당신 혼자만 책임을 지지 마십시오. 만일 사람들이 수용하지 않는다면 당신 혼자서 사람들을 화나게 만들 수는 없습니다. 화나게 한 것은 당신이 행한 것이 아니라, 당신이 행한 것에 대해 사람들이 자신에게 스스로 말한 것입니다.

3. 자기 자신을 부양할 수 없다는 것은 일이 발생했을 때 참아야만 하는 이유가 됩니다. 이는 경제적인 불안이 많은 여성을 두렵게 하고 실제적인 겁쟁이로 만듭니다. 그들은 자신이 누더기를 걸치고 구걸하면서 거리에 내버려지는 일을 상상합니다. 윽박지르고 술 마시고 폭행하고 무성의한 것을 참아 내는 것이 그보다 훨씬 낫다고 말합니다. 그러나 배우자에게 돈을 타 쓰지 못하는 여성에게는 상상처럼 그렇게 큰 불행이 거의 발생하지 않습니다. 그들은 일자리를 찾을 수도 있고, 일자리를 얻을 때까지 부모님의 도움을 받을 수도 있습니다. 그러다가 몇 년 후에 새로운 남

자가 나타나고 새로운 사랑과 안정이 시작될 것입니다.

4. 육체적인 부상은 여성을 침묵하게 만들기에 충분합니다. 성숙하지 못한 남편들은 아내에게 욕을 하고 화를 내며 입에 거품을 뭅니다. 때로는 가구를 때려 부수는 장면도 목격하게 됩니다. 여자가 물러서면 폭력은 멈출 수 있습니다. 그러나 또다시 그러면 그때는 맞받아치세요. 자신을 보호하세요. 격렬해지면 그렇게 해야 합니다. 나는 이 말을 누구에게나 할 것입니다. 어느 누구도 당신에게 강제적으로 자기 의지를 심을 수는 없습니다. 당신은 거리에서 부랑자가 그런 행동을 한다면 가만히 있지 않을 것입니다. 그런데 왜 배우자는 그렇게 하도록 내버려 둡니까?

5. '남편에게 대들어서 아이들을 불안하게 만들고 싶지 않고 이혼으로 내 삶을 망가뜨리고 싶지 않다.' 이런 생각은 남자도 마찬가지입니다. 아이들에게는 부모가 서로 으르렁대는 것보다 더 스트레스를 주는 일은 없습니다. 아이들에게 이런 모습을 보여주기 싫어서 물러나는 것도 괜찮습니다. 그러나 그러한 희생으로 당신이 원하는 바를 거두지 못하면 그때는 어떻게 할 것입니까?

자, 이렇게 생각해 보세요. 당신이 어떤 변화를 겪어야만 하는 것이 아주 불행할 수 있다면 당신 혼자 너무 오래 희생하지 마십시오. 당신의 희생이 오래 지속하면 무례함에 굴복하고 싸움을 피하는 것이 옳다고 아이들에게 가르치는 셈입니다. 당신의 권리 주장이 이 싸움을 해결할 수 없다면, 아이들을 그런 상황에 놓이게 하기보다는 차라리 배우자를 그냥 내버려 두세요. 배가 가라앉으면 아이들과 당신 자신을 구조할 수 있을 것입니다.

선물 받은 물건을 흠잡지 마라

나는 몇 달 동안 제인과 일했습니다. 그녀는 책임감 있는 아내였습니다. 남편이 늦더라도 따뜻한 식사를 차려 주었습니다. 주말에는 스스로 허드렛일을 마다하지 않았고, 주요한 결정은 남편이 하게 했습니다. 그녀는 자신의 욕구와 싸울 때 자신에 대해서 불확실했습니다. 가끔 논쟁에서 이길 때는 죄의식이나 자신이 이기적임을 느꼈습니다.

1. 협상 테이블에서 당신의 권리를 위해 상대를 압박할 때, 인기성

논쟁에서 이기려고 하지 마십시오. 모든 변화는 좌절을 수반합니다. 어느 누구도 좌절을 즐기고 싶어 하지는 않습니다. 따라서 당신이 누군가를 좌절시키는 대가로 어떤 이득을 얻는 것을 참을 수 없다면 자신의 불만을 그냥 유지하세요.

2. 마지못해 받아들일지라도 왜 다른 사람으로부터 주어지는 이득을 받아들일 수 없습니까? 생활 속에서 당신은 이러한 것들을 기꺼이 받아들입니다. 예컨대 봉급이 인상될 때, 당신은 대부분

의 고용주가 더 많은 돈을 주면서 행복해하는지 생각해 보았습
니까? 그들은 당신이 더 받을 자격이 있다고 느낄 것이며, 그 때
문에 그들은 속쓰려 하지 않을 것입니다. 반대로 당신은 사장이
좋든 싫든 좀 더 받고 싶을 것입니다. 당신은 보통 그러한 사실
을 무시할 정도로 충분히 이익 추구적입니다.

3. 결혼의 이득에서 배우자와 공유하기를 배우는 것은 중요합니다.
만일 당신이 고상하게 주고받는 데 익숙하지 못하다면 배우자에
게 우아하게 좌절하는 법을 가르치십시오. 어떻게 그럴 수 있을
까요? 배우자가 타협을 배울 때까지 반복해서 배우자를 좌절시
키세요. 만일 그렇게 하지 못한다면 배우자에게 공유하는 법을
가르칠 기회를 놓치고 말 것입니다.

4. 불만을 표시하거나 기회를 포착하는 데 공정하다면 결혼 생활이
보다 행복해질 것입니다. 자신의 노력 때문에 배우자가 행복하
다는 사실을 알게 하는 것보다 더 배우자를 기쁘게 하는 것은 없
습니다.

한 가지 행동은 수많은 말싸움보다 가치 있다

배우자로 인한 좌절을 줄이고 싶을 때, 첫 번째 전략은 자신이 그 문제에 대해 타협할 수 있는지 어떤지를 알아보고서 말하는 것입니다. 만일 그렇게 하는 데 실패한다면 두 가지 선택이 있습니다. 상황을 거부하거나 있는 그대로 받아들이는 것입니다. 더 이상 말이 필요 없습니다. 행동하세요. 유명한 독일 시인 괴테는 "생각은 쉽지만 행동은 어렵다."라고 했습니다. 누군가의 사고에 맞추어 행동하는 것은 세상에서 가장 어려운 일입니다.

커뮤니케이션의 가장 좋은 방법은 행동입니다. 먼저 분명히 말하세요. 그러나 서로 고함치는 데 많은 시간을 낭비하지 마세요. 말은 의사소통을 하는 데 오류가 너무 많습니다. 행동은 전혀 다른 문제입니다. 어떤 것에 대해 불평하는 대신에 행동하는 것이 가장 중요한 습관입니다.

값어치 있는 말

당신 자신을 이해시키기 위해 말이 아닌 행동에 의존할 필요성을 나는 반복해서 강조했습니다. 여자들은 사랑받고 있다는 말을 듣고 싶어 합니다. 여자들은 그 말이 암시하고 제시하는 것을 원하지 않습니다. 그들은 그렇게 말하는 것을 듣고 싶어 합니다.

이렇게 생각해 보세요. 만일 당신이 1년에 세 번이나 승진을 했는데 아무도 당신에게 장하다고 하지 않는다면 당신은 칭찬을 듣고 싶지 않겠습니까? 등을 두드려 주거나 축전을 받는 것이 직업의 성공이라는 관점에서는 필요하지 않습니다. 그러나 축하 전화를 받거나 파티에서 칭송을 받는다면 훨씬 기분이 좋을 것입니다. 이것은 말이 값어치가 있는 경우입니다.

얼마나 이기적이길 원하는가

결혼을 망치는 가장 빠른 방법은 배우자가 중요한 문제에 대해 자신만이 가는 길을 가도록 내버려 두는 것입니다. 만일 그렇게 하면 결혼 생활에서 당신의 이익을 보호할 수 없습니다.

만일 행복한 결혼을 원한다면 그것을 즐긴다고 여기십시오. 만일 그렇지 않으면 당신은 하기 싫은 일을 그만두듯이 결국 결혼을 그만둘 것입니다. 나중에 배우자를 기쁘게 하기 위해서 지금 좀 좌절하도록 만드세요.

냉전

당신이 자신을 내세운다고 칩시다. 그러면 무슨 일이 벌어질까요? 무엇보다도 도전을 예상할 수 있습니다. 그것은 불평, 언쟁, 육탄 저지 등의 형태일 것입니다. 일이 잘못되어 가고 있더라도 신경 쓰

지 마세요. 달걀을 깨지 않고는 오믈렛을 만들 수 없습니다.

신경증이 너무 심해서 병원에 입원해야만 하는 배우자에게 손을 쓰는 사람을 본 적이 있습니다. 병석에서 그들은 메시지를 주고받 았습니다. "당신이 한 짓을 생각해 봐. 만일 당신을 위하지 않았다 면 나는 그렇게 무모하게 몰고 가지는 않았을 거야."

이런 식으로 빠져들지 마세요. 결혼 서약은 종신형이 아닙니다. 당신은 행복할 권리가 있습니다. 배우자가 퍼붓는 포화에 직면할 수 없다면 행복할 권리가 없습니다.

결혼에서 가질 수 있는 권리

결혼을 하여 다음과 같은 기대가 충족되지 않으면 마찰의 요인이 될 수 있습니다.

- 함께하기
- 성생활
- 성장(인격 및 능력)
- 성숙(배우자의 성숙한 행동)

- 사적인 자유(혼자 있을 권리)

- 구속으로부터의 자유(배우자의 육체와 생활 방식에 대한 구속)

- 공정한 소득 분배

제5장

신경증이 있는
배우자와의 생활

우 리는 모두 때때로 신경증적입니다. 결혼 생활이 제대로 굴러가게 하는 최선의 길은 배우자에게 문제가 있을 때 대처하는 것입니다. 신경증적인 배우자와 함께 살기 위해서 배우자의 문제성을 바꾸려고 고집하지 말라는 것을 명심하세요. 대신에 당신이 변하세요. 그러고 나서 당신이 배우자를 도울 수 있는지를 살펴보세요.

분노_가장 힘든 문제

분노만큼 인간관계를 위험하게 만드는 것은 없습니다. 화난 배우자를 다루는 가장 좋은 방법은 우선 당신 자신의 화를 가라앉히는 것입니다. 그러고 나서 친절하고 사려 깊게 대하세요. 배우자가 더 화를 낼수록 당신은 더욱더 그래야 합니다. 솔직히 화가 난 사람이라도 친절하게 다가오는 사람에게 계속 화를 내기는 어렵습니다.

비난을 다스리는 세 가지 방식

특히 결혼 생활에서 온당치 못한 비난은 감정을 해치는 가장 흔한 이유입니다. 만일 그러한 비난을 다스리는 방법을 알지 못하면 결혼 생활은 괴로움의 연속입니다. 배우자가 당신을 인색한 사람이라고 비난한다면 즉시 자신에게 두 가지 질문을 던져 보세요. 그 말은 사실일까? 거짓일까? 결정하기 전에 주의 깊게 재고하세요. 만일 그 말이 사실이라면 두 가지 질문을 더 하세요. 나는 인색한 것에 대해 상관하는가? 상관하지 않는가?

구두쇠라는 사실이 당신을 힘들게 한다면, 요즘 자신이 인색했다고 생각한다면, 누군가 당신에 대해 그것을 지적했다고 해서 한도를 지나치지 마세요. 대신에 배우자에게 "요즘 내가 얼마나 값싸게 굴었는지 나에게 말해 줘서 고마워. 나에 대해 염려하는 사람만이 그런 말을 해 줄 수 있을 거야. 나는 돈에 관해 불합리한 사람이 되고 싶지 않아. 그러니 지금부터 유의하겠어."라고 말하세요. 당신 자신을 비난하는 대신에 문제에 대해 당신이 하길 바라는 것을 생각하세요.

두 번째는 비난의 내용이 사실이지만 당신이 그런 것이 잘못이 아니라고 생각하는 경우입니다. 요컨대, 인색한 것은 사실이지만 인색한 것이 미덕이라고 생각하는 것입니다.

세 번째는 그 비난이 거짓이라고 생각하는 경우입니다. 화내지 말고 관대해지세요. 그 지적이 잘못이라면, 왜 다른 사람의 잘못 때문에 당신이 혼란스러워야 합니까?

질투

어떤 사람들은 배우자가 질투를 하는 것을 귀엽게 여깁니다. 질투를 관심과 헌신에 대한 최고의 찬사로, 깊고 지속적인 사랑의 신호로 여깁니다. 어쩌면 그럴지도 모르지요.

그러나 나의 경험에 따르면 질투는 담배와 같습니다. 질투를 하지 않으면 갈증을 느낍니다. 만성적인 질투는 부부의 결별을 초래하는 사악하고 파괴적인 것입니다.

성생활

성은 우리가 추구하는 가장 강력한 것 중의 하나일지라도 복잡한 문제 중의 하나입니다. 오르가슴을 느끼지 못하는 것은 가장 흔한 성 문제입니다. 남자는 성 무능자, 여자는 성 불감증자로 표현됩니다. 누군가가 육체적으로 문제가 없다면 오르가슴 문제는 성을 즐기는 데 대한 죄의식에서 오는 실패에 대한 두려움에 기인합니다.

드문 경우로, 동성애자들은 심리적인 요인이 아닌 유전적·육체적 요인이 작용하는 것으로 보이는 그들의 성적 파트너를 찾는 데 몰입하고 있는 것 같습니다. 그러나 대부분의 경우에 동성애자의 행위는 무의식적으로 행해집니다.

신경증이 있는 배우자 돕기

만일 배우자가 몇 년 동안 우울하고, 화내고, 신경질적이고, 시기하며, 자기 통제가 부족하다면, 당신은 배우자가 눈치채지 못하게 부지불식중에 도움을 줄 수 있는 분명한 방법을 생각해야 합니다. 배우자가 옷을 집어 들지 못하면 당신은 심하게 불평할 수 있습니다.

만일 몇 달 동안 계속 그런 문제가 지속되면 옷을 자신의 주위에 놓아두도록 가르쳐야 합니다. 이상하다고요? 당신이 계속 집 안에서 종노릇을 할 수는 없지 않습니까?

정직은 항상 최선의 방책인가

만일 당신이 결혼 전에 심각한 로맨스가 있었던 사실을 배우자에게 말하지 않는다면 그것은 정말 문제가 될까요? 우선 그것은 당신의 결혼 사업과는 상관이 없습니다. 그러나 만일 그가 당신의 과거를 알게 되어 화를 벌컥 낸다면 어떻게 할까요? 이러한 불쾌한 얘기를 듣지 않을 책임이 그에게 있습니다. 만일 그가 윽박지르지 않거나 화를 내지 않는다면 문제가 될 게 전혀 없습니다.

모든 것을 사실대로 말하라면서 실토하게 한다면 배우자에게 알려 주세요. 진실은 누군가가 소리 지르지 않고, 위협적이지 않으며, 비난하지 않는 순간 찾아올 것입니다.

제6장

결혼상담의 모든 것

결혼 생활에 문제가 있는 사람들은 도움을 받기 위해 전문가의 조언을 구하고 있습니다. 많은 심리치료자, 임상심리학자, 사회복지사 들은 결혼 문제와 관련하여 일하고 싶어 하고, 이러한 상담에서 임상 활동을 하고 있습니다. 결혼상담은 갈등으로부터 벗어나지 못하는 부부들을 돕는 가치 있는 일로서 주목을 받고 있습니다.

결혼상담을 받아야 할 때

당신 스스로의 노력으로 결혼 생활의 안정을 얻지 못할 때 도움을 받으세요. 새로운 방향이나 전망을 찾기 위해서는 한 학기 또는 두 학기도 걸릴 수 있습니다. 배우자를 격려하고 바꾸는 데 15분 정도면 되는데, 왜 15년 동안 배우자를 다루면서 헤매십니까? 나는 믿습니다. 15분 만에 모든 종류의 가치 있는 지식을 전해 줄 수 있습니다.

의사소통 채널 열기

결혼상담을 원하는 가장 큰 이유 중의 하나는 배우자와 대화의 통로를 재개하고, 서로 미워하지 않으면서 대화하기 위함입니다. 대부분의 결혼 문제는 부부 사이에 대화가 정지된 분열 상태에 있습니다. 그들은 자신들이 느끼는 바를 계속 얘기해 왔지만 아무 소용이 없었고 단지 옛 상처만을 들춰냈습니다. 두 사람은 곧 열띤 토론보다는 침묵을 지키는 것이 훨씬 낫다는 것을 알게 됩니다.

그 문제를 해결하기 위해서는 대화의 채널을 다시 여는 것이 중요합니다. 그러나 조용한 대화를 조장하는 분위기에서 그래야만 합니다. 그런 장소는 결혼상담자가 있는 곳입니다. 결혼상담자가 상담심리 전문가든, 임상심리 전문가든, 사회복지사든 상관없습니다. 그것은 민감한 문제를 토론할 기회를 제공한다는 사실보다 중요하지 않습니다.

상담은 부부가 서로 자신의 우월한 관점을 표현하는 기회를 제공합니다. 만일 아내가 아이에 대한 남편의 무관심을 집에서 성토하는 데는 두려움이 있더라도 상담 전문가 앞에서는 용기를 얻을 수 있습니다. 상담자는 남편으로 하여금 아내가 말할 때까지 기다리도록 할 것입니다. 남편도 역시 같은 기회를 얻을 것입니다. 이러한 경험은 평소 서로를 방해하는 버릇을 가진 사람들에게는 새로운 것입니다. 그동안 그들의 완전한 견해는 거의 표현되지 못했습니다. 이러한 과정에서 그들은 배우자가 말하는 것을 들으면서 무척 놀라게 됩니다. 이는 서로에 대한 이해의 폭을 넓히는 계기가 될 수 있습니다.

결혼상담자는 누구를 믿을 수 있는가

아내는 이런 진술을 하는데 남편은 다른 진술을 할 수 있습니다. 나는 누구를 신뢰할 수 있을까요? 답은 둘 다입니다. 결혼상담자는 고객이 하는 말이 진실하다고 가정해야 합니다. 진실이란 종종 해석상의 문제입니다. 특히 결혼에서는 그렇습니다.

여자는 남자가 술을 많이 마신다고 불평합니다. 그녀의 아버지는 알코올을 남용했기 때문에 남자가 일과 후에 맥주 두 병을 마시는 게 술꾼을 의미하게 되었습니다. 한편, 남자는 저녁 식사 때 와인을 먹는 가정에서 자랐습니다. 그래서 가족 모임이나 공휴일에는 잔을 기울였습니다. 밤에 마시는 맥주 두 병이 그에게는 누구나 해야만 하는 양치질과 마찬가지였습니다.

상담자는 이 두 사람 사이에 놓여서는 안 됩니다. 맥주 두 병이 너무 많은지 적은지를 결정해서는 안 됩니다. 상담자가 해야 하는 일은 그들이 함께 살 수 있도록 타협시키는 것입니다.

예컨대, 남자가 맥주를 한 병만 마시고 좀 더 일찍 귀가한다면 여자는 충분히 위안을 얻고서 그 문제를 그냥 내버려 둘 것입니다. 물론 여자는 완전히 만족하지 못하며, 남자 또한 마찬가지일 것입니다. 그러나 작은 불만을 참는다면 상담자가 어느 한쪽의 손을 들어 주지 않고도 이 문제에 대한 잠정적인 해결책에 이를 수 있습니다.

부부가 항상 함께 상담을 받아야 하는가

이 문제에 대해서는 상담자들 간에 폭넓은 이견이 있음을 나도 알고 있습니다. 나의 경험으로는 부부가 따로따로, 함께, 또는 아예 혼자서 상담을 받을 수 있다고 생각합니다. 너무 많은 사람들이 "몇 년 전에 상담을 받으러 왔어야 했는데 내 배우자가 오려고 하지 않아서 못 왔어요."라고 말합니다.

이것은 심각한 잘못입니다. 어떤 사람들은 상담받기가 너무 무서워서 결국 상담자의 도움을 포기하고 맙니다.

결혼상담과 심리치료

결혼상담과 심리치료의 큰 차이는, 결혼상담은 항상 부부간에 긴장 관계를 수반하는 반면에 심리치료는 생활 속에서 다른 사람과의 문제를 다룬다는 것입니다. 심리치료의 특별한 형태인 어린이의 놀이치료와 같이 결혼상담은 심리치료의 한 형식입니다. '치료'라는 말 대신 사용되는 '상담'이란 말은 사람들이 심리치료처럼 훌륭하고 강력하지 않다고 생각하기 때문에 잘못 인식된 것 같습니다.

결혼상담에서 무엇을 기대할 수 있는가

자신과 배우자를 더 잘 이해할 수 있습니다. 만일 변화가 필요하다면 당신은 우선 자신이 변해야만 한다는 것을 알고서 놀라게 될 것입니다. 당신이 배우자의 신경질적인 습관을 인내함으로써 편안한 삶을 영위하고자 하는 생각을 버릴 때까지 배우자는 결코 그러한 습관을 바꾸려 하지 않을 것입니다.

그러나 상담을 받음으로써, 당신이 하고 있는 행위가 배우자로 하여금 당신을 비참하게 만들고 있다는 것을 알게 될 것이다. 그것이 첫 번째 단계입니다. 두 번째 단계는 배우자를 변하게 하고 싶으면 당신이 변하는 법을 알게 된다는 것입니다.

결혼상담은 노사 간에 중립적인 중재자와 같습니다. 가끔은 아내 편에, 때로는 남편 편에 서게 될 것입니다. 상담자는 부부 중 어느 편을 더 좋아한다는 것을 보이지 말고 항상 결혼을 유지하는 데 적극적인 관심이 있어야 합니다.

부부 중 한 사람이 이혼을 하고 싶어 하고 다른 사람은 그렇지 않을 때, 결혼상담자는 어떻게 해야 할까요? 그것은 상담자가 그 결혼이 얼마나 건강하게 유지되고 있는지를 믿는 데 달려 있습니다. 대부분의 경우 상담자는 함께 살기를 바랍니다. 그러나 드물게 헤어져야 한다고 느끼는 경우도 있습니다. 어떤 결혼은 이처럼 슬프고 엄청난 실수일 수 있습니다.

이혼이 항상 실패를 의미한다고 수많은 사람들은 믿고 있습니다. 하지만 나는 그렇게 생각하지 않습니다. 대부분의 사람들은 검은 머리가 파뿌리가 될 때까지 결혼 생활을 유지하면 성공했다고 간주합니다. 왜 그렇게 생각합니까? 각자 새로운 방향에서 자유와 성장을 누릴 수 있다면 두 사람은 실패한 것입니까?

상담이 기능을 발휘하지 못할 때

나는 부부상담이 상담자가 수행하는 일 중에서 좀 더 복잡한 내용 중의 하나라고 이미 지적한 바 있습니다. 불가능한 치료가 있는데 이를 성공적으로 수행하기 위해서는 많은 조건이 필요합니다. 그러나 다음과 같은 경우에는 상담이 기능을 발휘하지 못합니다.

1. *한쪽이 지나치게 어려운 요구를 할 때.*
대부분의 경우는 각자가 합리적으로 만족할 수 있도록 주고받는 식입니다. 그러나 한쪽이 너무 지나치면 타협이 이루어지지 않습니다. 그러한 경우 게임은 끝나고 맙니다.

　로버트가 다음과 같은 요구를 했을 때, 그의 아내는 결혼은 이
제 끝이라는 분명한 메시지를 전달해 왔습니다.

– 일주일에 하루 저녁은 함께 보내기
– 일과 후 외출할 때 전화하기
– 정직하기

- 적어도 일주일에 한 번은 성관계 갖기
- 임금의 3분의 1은 가족과 나누기
- 5만 원 이상 구매 시 의논하기
- 나에 대해 싫은 것을 말해 주기
- 아이에게 일관성 있고, 확실하며, 친절한 방식으로 훈육하기

한쪽이 이런 식의 요구를 할 때, 상담은 기능을 발휘하지 못하게 됩니다.

2. *상담자의 신뢰가 부부 중 어느 한쪽에 의해 훼손되었을 때.*
상담자가 한쪽에 의미를 잘못 전달하여 나쁘게 보일 수가 있습니다. 상담에서 사람들은 치료자를 배우자에게 대항하기 위한 무기로 이용하지 말도록 종종 충고를 받습니다. 치료자가 한쪽을 위해서가 아니라 양쪽을 위해서 일하도록 해 줘야 합니다. 배우자를 깎아내리기 위해서 치료자의 말을 인용해서는 안 됩니다. 치료자가 신뢰를 잃을 경우 모두가 잃게 됩니다.

3. 고객은 참을성이 부족하며, 인성을 바꾸는 데는 가끔 시간이 걸린다는 사실을 깨닫지 못합니다. 남편이 이혼하고 싶어 하는 경

우를 봅시다. 아내는 과거의 행동을 후회하며 그를 기쁘게 하기 위해 변하려고 합니다. 이 시점에 양쪽 당사자는 같은 문제인 참을성 부족을 겪고 있을 것입니다. 그는 개선하려는 그녀의 노력에 대해 감사할 것입니다. 그러나 그녀가 실수를 하면 인내심을 잃고 맙니다. 그는 몇 년간 몸에 배인 습관을 변화시키는 것이 얼마나 어려운지를 알지 못합니다.

여자 역시 인내심을 배워야 합니다. 자신의 실수에 대해 남자가 성질을 부릴 때, 여자도 역시 참지 못합니다. 남자가 성질을 바꾸는 데 얼마나 많은 시간이 필요한지 잘 이해하지 못합니다. 여자는 남자의 참을성 없음을 우아하게 받아들여야 합니다. 변화는 곧 일어나고, 지속될 수 있습니다. 그러나 대부분 참을성 부족으로 실패하고 맙니다. 변화하는 데는 몇 달, 몇 년이 걸립니다. 이 길을 가면서 많은 실수도 뒤따릅니다.

노력하기

지금까지 이혼에 대해서 충분히 얘기했습니다. 이 책은 사랑과 결혼에 성공하는 법에 관한 책입니다. 따라서 나는 당신이 성숙하길 바라며, 배우자의 신경증적인 습관에 잘 대처하는 방법을 배우기를 바란다는 말과 함께 이 책을 마치고자 합니다.

배우자가 당신을 혼란스럽게 만들지 않도록 당신이 할 수 있으면 결혼이 아주 만족스럽게 유지될 것입니다. 이 말은 시시각각 불합리한 행동을 참고 지내야만 한다는 것을 의미합니다. 그러나 그러한 것을 허용하지 않는다면 결별의 원인도 없을 것입니다. 함께 살기에 편안한 배우자가 되기 위해서는 침소봉대하고 부산을 떠는 자기 자신의 천성을 극복해야 합니다. 나는 오버액션을 하는 사람보다 더 함께 살기 어려운 사람은 없다고 생각합니다.

결혼의 성공적인 모델을 제시한다면 나는 이렇게 말할 수 있습니다.

1. 화는 결혼 생활에서 가장 큰 적입니다.

2. 배우자에 대한 용서와 수용은 인간이 불완전한 만큼 중요한 것입니다.

당신이 배우자를 아무리 사랑할지라도 시간은 곧 모든 결정이 드러나도록 할 것입니다. 자신의 우둔함을 수용하듯이 배우자의 것도 수용하세요.

만일 마음에 두 가지의 보편적인 법칙을 지니게 된다면 당신의 결혼 생활이 개선될 수 있다는 희망을 가질 수 있습니다. 당신이 직장에서 하는 일만큼 진지하게 이러한 모든 것을 해야 합니다. 결혼은 애정 어린 사업이며, 아주 특별한 이 사업을 지배하는 대부분의 법칙에 반응합니다.

부록

결혼 만족도 검사

부록 _ 결혼 만족도 검사

자신의 결혼 생활 및 부부 관계에 대한 만족 정도가 궁금한 독자는 아래의 결혼 만족도 검사를 스스로 실시해 보기 바랍니다. 이 검사는 원래 로치(Roach, 1975)가 개발한 측정 도구로서 총 73문항으로 구성되었으나, 보덴(Bowden, 1977)이 타당한 연구를 실시하여 48문항으로 재구성했습니다.

1 : 전혀 그렇지 않다.
2 : 대체로 그렇지 않다.
3 : 중간이다.
4 : 대체로 그렇다.
5 : 정말 그렇다.

	항목	1	2	3	4	5
1	결혼 생활에서 남편(부인)이 나에게 무엇을 기대하는지 알고 있다.					
2	남편(부인)은 되도록 나를 편하게 해 주려 한다.					
3	결혼 생활에 대해 근심 걱정이 많다.					
4	만약 다시 결혼한다면 지금의 남편(부인) 같은 사람과는 결혼하지 않을 것이다.					
5	남편(부인)을 항상 신뢰할 수 있다.					
6	결혼을 하지 않았더라면 나의 인생은 매우 공허했을 것이다.					
7	현재의 결혼 생활은 나를 너무 구속한다.					
8	결혼 생활이 따분하게 느껴진다.					
9	남편(부인)과의 결혼 생활이 어떠한지를 알고 있다.					

항목	1	2	3	4	5
10	결혼 생활은 나의 건강에 나쁜 영향을 미친다.					
11	결혼 생활에서 일어나는 일들 때문에 화가 나고 짜증스럽다.					
12	나는 결혼 생활을 잘할 수 있는 충분한 능력이 있다고 생각한다.					
13	지금의 결혼 생활이 영원히 지속되기를 바란다.					
14	시간이 갈수록 나의 결혼 생활은 더 만족스러워질 것이다.					
15	결혼 생활을 잘 해 보려고 노력하는 데 지쳤다.					
16	결혼 생활이 생각했던 것만큼 즐겁다고 생각한다.					
17	나의 결혼 생활은 다른 어떤 일보다도 나에게 만족감을 너 많이 준다.					
18	해가 갈수록 결혼 생활이 어려워진다.					
19	남편(부인)은 나를 매우 신경질 나게 한다.					
20	남편(부인)은 내 의사를 나타낼 충분한 기회를 주는 편이다.					
21	지금까지 나의 결혼 생활은 성공적이었다.					
22	남편(부인)은 나를 자신과 동등하게 대해 준다.					
23	결혼 생활 이외에 인생을 가치 있고 흥미롭게 하는 것을 추구해야 한다.					
24	남편(부인)은 내가 최선을 다하도록 용기를 북돋아 준다.					

	항목	1	2	3	4	5
25	결혼 생활을 통하여 내 성격이 많이 억눌려 져 왔다.					
26	결혼 생활의 미래가 희망적이다.					
27	나는 남편(부인)에게 진심으로 관심을 기울 인다.					
28	남편(부인)과 사이가 좋다.					
29	남편(부인)과 이혼하여 헤어질까 봐 두렵다.					
30	남편(부인)은 내 자유 시간을 불공평하게 자주 빼앗는다.					
31	남편(부인)은 나를 불합리하게 대하는 편 이다.					
32	내 결혼 생활은 나 자신이 결혼 전에 세웠 던 목표를 이루는 데 도움이 된다.					
33	남편(부인)은 우리의 관계를 보다 좋게 하 려 애쓴다.					
34	남편(부인)과 취미가 다르기 때문에 괴로움 을 겪는다.					
35	우리 부부의 애정 표현은 서로 마음에 드는 편이다.					
36	불행한 성관계가 결혼 생활에 장해가 된다.					
37	남편(부인)과 나는 어떤 행동이 올바르고 적절한지에 대해 서로 의견이 일치한다.					
38	남편(부인)과 나는 같은 인생 철학을 가지 고 있지는 않다.					
39	남편(부인)과 나는 서로 좋아하는 몇 가지 취미 생활을 함께 즐긴다.					

항목	1	2	3	4	5
40	가끔 지금의 남편(부인)과 결혼하지 않았었으면 하고 바랄 때가 있다.					
41	현재의 결혼 생활은 확실히 불행하다.					
42	남편(부인)과 즐거운 마음으로 성관계를 가지기를 원한다.					
43	남편(부인)은 나를 별로 존중하지 않는다.					
44	남편(부인)을 신뢰하기 어렵다.					
45	남편(부인)은 내가 생각하고 느끼는 바를 대부분 알아차린다.					
46	남편(부인)은 내가 무엇을 말하는지 귀 기울이지 않는다.					
47	남편(부인)과 자주 즐거운 대화를 나누는 편이다.					
48	확실히 결혼 생활에 만족한다.					

| 채점 방법 |

긍정 문항은 그대로, 부정 문항은 거꾸로 계산해서 더합니다. 예를 들면, 1번은 긍정 문항으로, "결혼 생활에서 남편(부인)이 나에게 무엇을 기대하는지 알고 있다."에 대해 "정말 그렇다."에 해당하면 5점을 주면 됩니다. 반면에 3번은 부정 문항으로, "결혼 생활에 대해 근심 걱정이 많다."에 대해 "정말 그렇다."에 해당하면 1점을 줍니다. 부정 문항은 3, 4, 7, 8, 10, 11, 13, 15, 18, 19, 23, 25, 30, 31, 34, 36, 38, 40, 41, 43, 44, 46번이며, 표에 음영으로 표시되어 있습니다.

이 검사의 총점 범위는 48~240점입니다. 일반적으로 총점이 120점 이하이면 상담이 필요하고, 120~150점이면 부부 관계의 개선을 위해 노력이 필요합니다. 150점 이상이 평균인데 점수가 높을수록 부부 관계가 좋다는 것을 의미합니다.